Viktor Eduard Prieb

Was gereimt werden muss

Viktor Eduard Prieb

Was gereimt werden muss

Sammelgedichte

Goldene Rakete Verlag für Belletristik

Imprint

Cover image: www.ingimage.com

Publisher:
Goldene Rakete Verlag für Belletristik
is a trademark of
International Book Market Service Ltd., member of OmniScriptum Publishing Group
17 Meldrum Street, Beau Bassin 71504, Mauritius
Printed at: see last page
ISBN: 978-620-2-44365-4

Viktor Eduard Priebe

“Was gereimt werden muss“

Sammelgedichte

Inhalt:

Lyrik

Zweifel an der Depression
(gemischter Jambus)

Wenn unsre Welt wär' so trübselig
wie trübe Fluten und die Ebben
der tiefsten Tiefen meiner Seele,
wo Wehmut und die Trauer beben,
wo sich Trugbilder – oder nicht? –

mit Außenwirklichkeit vermisch'n,
und die Gefühle,
betrübt dadurch in voller Fülle,
sagen mir ab,
und der Gedanke an das Grab
folgt mir wie schwarzer Paladin...

Dann hätte sie mehr keinen Sinn!
Und zwar für alle. Auch für die,
die stockverliebt
oder -besoffen
und von Begeisterung getroffen
woanders suchen nach dem Sinn.

Doch, der ist simpel:

ICH BIN NICHT WELT UND NICHT IHR SINN.
Die Welt beleuchtet nicht mein Hirn
oder mein seelischer Zustand,
oder ein ähnlicher Irrsinn.

Die Welt beleuchtet – Gott sei Dank! –
die Sonne draußen von mir,
und ich verfüge drüber nie.
Egal wie viel ich Wissen schaffe –
am Gotte liege Welterschaffen:

Die Sonne geht und kehrt zurück,
und das passiert, zu uns'rem Glück,
seit Millionen Erdejahren,
in denen wir im Nu verharren...

Und morgen geht sie wieder auf.
Und's werde Licht! Und ich?.. Wohl auch.

* * *

Berliner Lied

eine Übung mit Modalverben

(vierhebiger Trochäus)

In Berlin bin ich Berliner,
Nur bin ich immer allein.
Meine Träume, Sorgen, Lieder
Sind für alle Kleinerlei.

Ich kann Mehreres ertragen
Und muss immer stärker sein,
Trotzdem will ich manchmal fragen:
Wann kommt mir davon was ein?

Soll ich alles liegen lassen,
Darf mich machen wieder frei? -
Zu Maria nach Dinslaken,
Wo ich habe alle drei!

In Berlin bin ich Berliner
Nur bin ich immer allein
Und in vielen Jahren drinnen
Scheint es immer noch zu sein...

* * *

Zweifel an der Liebe

ein Dialog zwischen Leidenschaft und Vernunft

*(vierhebiger Jambus, dreihebiger Trochäus u nd zweihebiger Amphibrachy*s)

In meinen armseligen Räumen
Stehn Knospen aufgesperrte Rosen -
Die Zeugen von Gefühlestosen,
Im Nu zu zweit erlebten Träumen!

Für Tourismus gibt's Zeit,
Für das Leid - Ewigkeit.
Die Erfahrung, sie heilt
Die Unbekümmertheit.

Wie schön war unser Aufenthalt:
Der Nächte kurze Augenblicke,
Deine begeist'rungsvollen Blicke...
Und wieder Bahn, und wieder alt.

Mein Leben wie Lethe
Von unzähligen Lügen -
Ich bin ein Poet ja
Abgezogener Züge

Es war mal Moskau, jetzt - Berlin
Und Knospen aufgesperrte Rosen...
Die Tränen unerzählter Prosa
Und Schmerz Alleinseins bleiben drin.

Mein Zug - abgezogen,
Die Frage verwirrend
In knospigen Wogen
Der rosigen Wirren...

* * *

Die Liebe als das Leben

(*dreihebiger Jambus*)

Freudvoll
Und leidvoll,
Gedankenvoll sein,
Hangen
Und bangen
in schwebender Pein,
Himmelhoch jauchzend,
zum Tode betrübt -
Glücklich allein
Ist die Seele, die liebt.
Johann Wolfgang von Goethe "Egmont"

Die Liebe ist ein Glück,
Die Liebe - Schicksalsschmuck.
Die Liebe ist ein Traum
Die Liebe - Sonnenraum.

Die Liebe macht zum Gott,
Mit ihr wird nie man tot.
Die Liebe ist das Licht
Unendlichen Gedichts.

Die Liebe bildet Reich -
Dort ist man himmlisch reich.
Sie schenkt die ganze Welt,
In der man sich verfehlt.

Man ist dort nie allein -
Was darf schon schöner sein!
Die Liebe ist mein Herbst -
Die Liebe bist Du selbst!...

Nun bist Du nicht mehr da -
Was bleibt Verliebten dann?
Das Leben ohne Glück,
Das Schicksal ohne Schmuck.

Das Leben ohne Träume,
In völlig dunklen Räumen,
Sei nun gebettet Gott
Um den Befreier-Tod.

Löscht sich das Liebeslicht,
Und rettet nur Gedicht.
So plötzlich wird das Reich
Vom Leid und Schmerzen reich.

Zerfällt die ganze Welt,
In der man selbst zerfällt,
In Einsamkeit allein -
Kein Leid darf schlimmer sein.

Doch Botschaft dieses Leids,
Dass mir die Liebe bleibt,
Sie erntet man im Herbst -
Du bist die Ernte selbst!

* * *

Die Liebe als der Tod

(*vierhebiger Jambus*)

auf der Brücke des S-Bahnhofs "Witzleben"

über die Stadtautobahn 100 in Berlin

Ich reiße ein paar mit mir hin...
Es täte mir auch nicht mehr Leid,
Von dem ich überflutet bin,
Das mein Gehirn und Herz zerreißt.

Die Liebe schenkt den and'ren Glück,
Mein Traum wurde mir geklaut -
Von mir geliebter Liebesschmuck
Wird einem and'ren zur Braut.

Nun gehen mir die Kerzen aus,
Kein Licht am Ende des Tunnels,
Den ich mir wie 'ne Kirchenmaus
Versuch' zu graben - tot nunmehr.

Mein nicht mehr brauchbares Leben...
Was soll ich machen nun mit ihm?
Mich ohne Dich an dem zu kleben,
Ist ja für mich nicht legitim!

Verdammt für ewig durch Reflexe -
Von alten Kolonisten wohl -
Muß ich denn weiter austricksen
Rest meines Lebens wie ein Wolf?

Seit langem steht "Witzleben"-Brücke,
Als Lebenswitz zum letzten Flug -
Ich bringe es zum Ausdrücken
Und die Reflexe sei'n verflucht!

Ich nehme Euch mit mir hin...
Es tut mir schon nicht einmal Leid,
Von dem ich überflutet bin,
Das Euer Blech demnächst zerreißt!

* * *

Auf Liebe!

als Husarentrinkspruch

(vierhebiger Jambus)

Liebe! Dich gibt's, du bist wie Zeit
Unhaltbar so und viel zu schnelle!
Du bist im Jugend unser Geist,
Im Alter aber - wie die Grelle...

Liebe! Dich gibt's, du bist verletzbar
Und du bist so leichtsinnig leicht!
Mit der Unendlichkeit vergleichbar -
Mit Etwas aus dem Sternbereich...

Liebe! Dich gibt's als unvergänglich
Oder so flüchtig wie ein Traum!
Und du verletzst uns unerbärmlich,
Und nicht umsonst verlässt du Raum...

Liebe! Dich gibt's mal viel zu frühe,
Oder verspätest du solide!
Du lässt das Seelenblut versprühen
Oder lässt heilen Invaliden...

Liebe! Dich gibt's - wird's immer geben
Wie Auferstehung und den Tod!
Du lässt dich nicht vom Klatsch umgeben
Und reinigst uns wie Gnade Gotts

Liebe! Dich gibt's, und du erwischst
So, dass du mich zu Sünden treibest!
Nein, deine Kraft noch nicht verwichn -
Ich bin bereit zu allen Leiden...

Liebe! Dich gibt's, du bist wie Bürde -
Ich schleppe dich ohne Verjährung!
Du tastest an unsere Würde...
Na, dann: "Auf Liebe!" meine Herren!

* * *

Der Aufruf

(vierhebiger Jambus)

Die Jugendzeit haut' längst schon ab...
Die Träume werden immer blasser,
Verdrängt durch andere: vom Grab,
Vom Gott, vom Tod, von der Sackgasse...

Die Jahre leeren meinen Schoß,
Die Draufgesessenen sind fort...
Bleibt eingeschlossen hinterm Schloss
Die Leidenschaft - sie wird zum Spott!

Nur stirbt sie, leider, als die Letzte
Und weckt vorm Sterben Fantasie:
Von junger Liebe kleinem Fetzchen,
Von alt und jung in Harmonie...

In einem Hauch der alten Stärke -
Zu junger Häute feinem Duft...
Zum letzten Mal raus aus dem Kerker -
In die von Jungfräulichkeit Luft!

Es ist verpönt zwar, aber möglich!
Und jeder weiß das, aber lügt,
Indem er träumt davon fast täglich,
Die Andren aber stets verflucht!

Ich bin ja auch im Alter besser:
Voll Weisheit, Sicherheit und Kraft!
Ich kenne Poesie-Gewässer
Und kann auch fein sein wie ein Graf!

Na dann! Worauf noch wir warten?
Herausfordert junge Göttin!
Reißt nieder Tore Eden-Gartens,
Beendet Spott und das Vertrotteln!

* * *

Der Jungfrau

(zweihebiger Anapäst)

Mit dem Sternbild "Jungfrau"
Hat die Nacht mich erwischt -
Julianischem Traum
Kann ich nicht mehr entwisch'n.

Julian'scher Kalender
Macht November zum Juli,
Altgermanische Länder
Zu altrömischer Julia

Ich bin selbst die Antike,
Während sie Aphrodite,
Meine Verse erblicken
Die erhabenen Ritter!

Beben wieder die Reime -
Meereswellen am Strande,
Diese Julia-Jungfrau
Meeresschaum entstanden!

* * *

Serenade

(vierhebiger Jambus)

Es flattert Leidenschaft in mir
Wie an der Brust erwärmtes Küken!
Ich werde schreiben nun zu Dir
Von mir Sonette über Glücke!

Um morgen Dich damit zu preisn
Mit meinen nachts geborenen Reimen.
Vielleicht erschein' Dir dann in Träumen –
Das wär' für mich der beste Preis!

Die Nacht entflieht mir ohne Schlaf,
Der Mond schaut hier mit Leid hinein...
Mich wärmt Erinnerung an Deins,
Daran, wie Dich am Tage traf!

Ich gebe zu, ich such die Treffen,
Und finde Seelenfreude dran
Ich flattre unter Innendrang
Und bin bereit mich unterwerfen.

Du merkst das nicht, als heimlich ich –
Von Dir erwärmt in den Gefühlen –
Verschwinde wieder voller Fülle
Und reim' erneut Sonett für Dich!

* * *

Die Internetliebe

(vierhebiger Jambus - Viertakter)

Dein heller Tag war meine Nacht,
Bis morgen früh hieltst du mich wach.
Dann fragtest du, wann komme ich,
Die Antwort war zunächst Gedicht.

Refrain:
Wir fanden uns im Internet
Und führten wochenlangen Chat.
Du zogst mich an mit Wissensgier -
Verwandte Seelen fanden wir.

Ich buchte Ticket nach New York,
Hab' alle Zweifel gleich entsorgt...
Das alles war die Weihnachtszeit,
Als ich Berlin verließ bereits.

Refrain:
Wir fanden uns im Internet
Und führten wochenlangen Chat.
Du zogst mich an mit Wissensgier -
Verwandte Seelen fanden wir.

Ich kam zu dir dritten Advents,
Das war das Wochenend-Event!
Was du nichts willst, wollten wir nicht,
Dann ließ Vernunft uns doch im Stich...

Refrain:
Wir fanden uns im Internet
Und führten wochenlangen Chat.
Du zogst mich an mit Wissensgier -
Verwandte Seelen fanden wir.

Blackout der Liebe fing uns zwei -
Uns könnte niemals was entzwein.
Die Wolke Sieben war intakt,
Dann kam dein erster Arbeitstag...

Refrain:
Wir fanden uns im Internet
Und führten wochenlangen Chat.
Du zogst mich an mit Wissensgier -
Verwandte Seelen fanden wir.

Ich war allein beim Tageslicht.
Ich war verrückt, ich liebte dich,
Du, kurz verliebt nur, machtest nach...
Wir liebten uns vielmals je Nacht.

Refrain:
Wir fanden uns im Internet
Und führten wochenlangen Chat.
Du zogst mich an mit Wissensgier -
Verwandte Seelen fanden wir.

Ich flog zurück am zwölften Tag
Und sagte dir, wie ich dich mag!
Du hast geschwiegen und geweint...
Wir haben uns darin vereint...

Refrain:
Wir fanden uns im Internet
Und führten wochenlangen Chat.
Du zogst mich an mit Wissensgier -
Verwandte Seelen fanden wir.

* * *

A love story in NYC

englische Übersetzung der “Internetliebe”

(iambic tetrameter)

Her bright day was to my dark night,
She kept awake me nightlong quite.
She asked once, when I would come,
The answer was first one poem.

> *Refrain*:
> We found us on the Internet
> And kept three week long our love chat.
> She attracted through knowledge thirst -
> The kindred spirits found we first.

I booked the ticket to New York,
To come at day without her work.
It already was Christmas time,
When from Berlin I had to fly.

> *Refrain*:
> We found us on the Internet
> And kept three week long our love chat.
> She attracted through knowledge thirst -
> The kindred spirits found we first.

I came to her on third Advent,

That was of weekend our event!
What she didn't want, we both it known,
But good sense at once let us down...

Refrain:
We found us on the Internet
And kept three week long our love chat.
She attracted through knowledge thirst -
The kindred spirits found we first.

Blackout of love caught us that night -
Nobody could us disunite.
We were to heaven on the way,..
Then came again her working day.

Refrain:
We found us on the Internet
And kept three week long our love chat.
She attracted through knowledge thirst -
The kindred spirits found we first.

She drove to work, I was alone,
I loved she crazy, I was stoned,
She was in love and faked so touched...
We loved at night each other much.

Refrain:

We found us on the Internet
And kept three week long our love chat.
She attracted through knowledge thirst -
The kindred spirits found we first.

The twelfth day came, and I flew back,
And said, I take my love as bag!
She was being silent and just cried...
We saw before us no more light...

Refrain:

We found us on the Internet
And kept three week long our love chat.
She attracted through knowledge thirst -
The kindred spirits found we first.

* * *

Die platonische Liebe

(vierhebiger Jambus)

Wie missverstanden war Platon,
Der Priester Liebesideale.
Im Sex ohn‘ Liebe sah Ziehsohn
Sokrat‘s ihr tierisches Finale.

Doch Sex in Liebe – heilig' Tantra! –
Erhebt uns zu den Gottes Türen.
Und ohne sie wir wie Mutanten
Mutieren zu erbärmlich' Tieren.

Des Geistes predigt er Verschmelzung
In menschlichem Geschlechtsverkehr
Und wollte nie die Sexverhetzung,
Wie man es propagiert seither.

Er lehrt uns zu erheben Seele,
Zu streben nur mit der nach Liebe,
Von Fleisches Lust und deren Quälen
Uns zu befrein – von kranken Trieben!

Er lernte selbst Geschlechsverschmelzung,
Und schöpfte keine Theorie.
Begreiflich ist für die er schmerzlich,
Wer selbst versank in Euphorie!

Wer selbst versank in ihren Augen,
Ertrank ganz tief in ihrer Seele,
Wer beim Erwachen hatte Sorgen:
Den Bann verschlingt die Tageshelle!

Einander wer verschlungen gleich,
War in den Sinn-Blackout geraten,
Vernahm in diesem Schattenreich
Nur ihres Stöhnen, ihren Atem!

Nur der versteht Verschiedenheit
In der platonischen Belehrung
Zwischen platon'schen Liebe halt
Und der wollüstigen Vermehrung!

* * *

Die Selbstsuche

Zueignung des "FAUST"-Übersetzers

(vierhebiger Jambus)

Mal schäkernd mit dir über Goethe,
Sah ich mich als der Doktor Faust.
Du bist zwar längst schon in der Lethe,
Doch Liebe zu dir ist nicht aus!

Um meinem Dasein Sinn zu geben
Und zu entfliehn der Eitelkeit,
Schuf ich mal da, mal hier vergebens
Ein Irgendwas für Ewigkeit!

Enttäuscht dann doch von kleinem Sinne
Von all dem unsinnigen Tun,
Entschied, mit dir in Kopf und Sinnen,
Zu widmen mich dem Großen nun!

Hiermit Mefisto herausfordernd,
Bestell' dem Schicksal Dank ich hier.
Und, dem Tun alles unterordnend,
Ich schenke das Ergebnis dir!

* * *

Die Nachtstädte

(unregelmäßige Verse)

Ich gehe mit mir beisammen...
und die Stadt, von mir geweckt,
Geht mit mir zusammen
wie ein Kamerad-Knecht...
Alles ist surrealistisch
und so einfach und sagenhaft..
Und vor allem Du,
die ich in mir trage,
behutsam und zärtlich,
wie eine Strophe aus der Sage..
Die ganze Stadt davon gefüllt
und nichts fehlt mir wirklich,
nur noch dich weiterfühlen
und weitertragen,
und nicht fallen lassen ins Leere,
und nicht zerbrechen,
nicht vertrüben
und nicht vertüdern
Deine sauberen Kanten!
Dein ganzes Licht einzusaugen –
diese Tropfen von Diamanten –
und zurück auszustrahlen –
in die Seelen und in die Augen
von den anderen Menschen einzutreten,
damit sie weitersuchen nach dem Gral
in den nächtlichen Städten!..

* * *

In Blocks Namen

(vierhebiger Jambus)

Schweig' meine Seele! Lass mich ruhen,
Zwing mich so nicht und rufe nicht!
Es kommt doch irgendwann voll Glühen,
Das wunderschöne Liebeslicht!
(*vierhebiger Jambus*)
Alexander Block, russischer Dichter des XX. Jh.

Ihr findet Trost in diesen Zeilen,
Wie fand ihn damals auch selbst Block,
Durch klarer Liebe plötzlich' Schock
Bei Eurem Durst nach Lebensheilen!

Und foltert Euch nicht traurig still,
Seid nicht in Missgeschick verharren
Über umsonst gelebte Jahre -
Sie kommen zu Euch noch voll Idyll'!

Sie kommen, geb' mein Wort darauf ich!
Ihr werdet dann erneut geboren,
Wenn Schicksal klopft an eurem Tore,
Und Ihr erlebt der Liebe Taufe!

Die Nichtigkeit von früh'ren Sorgen
Begreift Ihr dann im Liebesrausch,
Und sie vergeh'n wie schwerer Traum
Im Liebesstrahl an jedem Morgen!..

Und ärgert der mich bis zur Brunst,
Wer - mein Begeistern sonst vermissend -
Begreifen will hier nur Einbisschen
Von IHREM Reiz, der Zauberkunst!

Verständnis Dummen - nicht gestattet,
Dass Mann IHR Reizbild so unendlich
Vorfindet gar nicht unverändert -
Er wird DEM selber zum Gestallter!

ES umso besser wird gerichtet
Und unbegreiflich für die Laien -
Wie die von Block geschärften Zeilen -,
Dass ES kreiert wird von den D-i-c-h-t-e-r-n!...

* * *

Zu Pierre de Ronsard

(vierhebiger Jambus)

Ein großes Pech ist's nicht zu lieben,
Nicht wenig Pech, sich zu verlieben,
Aber nicht dies ist doch das Schlimmste:
Falls Du die Seele ihr verschenkst,
Und ohne Antwort weiter hängst!
Das ist das Erste auf Schmerzliste!
Pierre de Ronsard, französischer Dichter, 1524 - 1585

Ohn' Liebe - Pech, zurecht mein Dichter,
Doch wie kannst Du auch das Verliebtsein
Verdammen und verbittert richten,
Statt zu genießen Glückes Trichter!

Du hast's wohl selber nicht verstanden,
Dass ohn' Gefühl von Liebeskummer
Und ohne diesenen Schmerzenssummer -
Die Zeilen wären nie entstanden!

Die Liebe ist uneigennützig,
Und wenn Du schon vergibst die Seele,
Dann trink dein Glück aus dieser Quelle
Und suche nicht nach Antwort plötzlich!

Die Antwort hängt nur von Dir ab -

Ich kann ja darauf Gift gleich nehmen!
Nur lass Dein trauriges Benehmen
Und träume nicht mehr gleich vom Grab!

Nur lösche nicht - entflamm's sogar -
Dein Liebesfeuer IHR im Wege,
Und SIE verbrennt sich deinetwegen
In diesem Feuer, mein Ronsard!

* * *

An der Schwelle

(vierhebigerJambus)

Das Grün des alten Birkensommers
Schlägt goldig vor die Füße nieder.
Bereits verstummte Vögleinstrommel,
Die Todesangst trübt alles wieder.

Wie Feuervogel blüht auf Park.
Das Wasser ruht betrübt im Teich,
Darunter Laub, Jahrzehnte stark,
Darüber schwebt der Nebel leicht...

Kaum sichtbar ist die Uferrundung,
Vertuscht schön durch die Spiegelbilder,
Und Schatten voriger Jahrhundert'
Erregen unsere Einbildung!

Verbeugend uns vorm Wunderschein,
Vor dem Altar des Naturtempels
Mit Wänden wie die aus Bernstein,
Sehn wir daran den Gottes Stempel!

Und wir begreifen Gottesgabe
In uns, in Schönheit aller Leben,
Und glauben - nicht vom Hörensagen -
An Gottes Geist, mit dem wir leben!

Der kann es doch nicht - Entropie-Chaos,
Erschaffen so ein himmlisch' Wunder
Durch Krümmung Zeit und Raum. Nicht der war's,
Der Schöpfer schwarzer Löcher-Wunden!

Und würden wir - um Gottes Willen! -
An Gott nicht glauben doch bisher,
So hätt' Natur, an dieser Schwelle,
Uns vorgeführt unseren Herrn!

* * *

Das Zauntürchen
lyrisch-philosophische Momentaufnahme

Ein Mensch kann nicht nur mit Erinnerungen an seine Vergangenheit leben. Die Gegenwart beherrscht unser Bewusstsein mit so einer unermesslichen Aufdringlichkeit und belastet uns so mit Sorgen über die Zukunft, dass die Vergangenheit immer weiter verdrängt wird.

Trotz alledem treffen uns manchmal Zufälle, bei denen irgendein Ereignis oder sogar irgendein Gegenstand diese Vergangenheit ganz plötzlich heraufholt, wie ein aus den Gedächtnistiefen gelichteter Anker.

Einst geriet ich gelegentlich in ein weit entferntes und ganz stilles Dorf in einer mir vorher unbekannten Gegend, wo ich nie war, nie beabsichtigte zu sein und bestimmt nie mehr sein werde. Und dort, an einem steilen Flussufer, stieß ich an eine bemooste, aus dem irgendwann da gewesenen Hof zu dem Fluss hinausführende Zauntür.

Ihre Gestalt bedrückte durch das Alter, die Einsamkeit und die Schwermut. Im Wirrwarr meines Alltags blieb ich plötzlich verblüfft vor ihr stehen. Wie viele Jahre und Ereignisse benötigte man zu erleben, die so oder anderswie sein Leben beeinflussten; wie viele Wege sollte man hinter sich zurücklassen, um sich mit ihr in diesem verwilderten Hof am steilen Ufer zu treffen? Unwillkürlich beginnen diese Jahre und Ereignisse - an die zu denken, es sonst gar keine Zeit gab - vor Augen durchzulaufen.

Wahrscheinlich fingen wir zur gleichen Zeit unser Kreiseln an - sie um ihren Pfosten und ich in einer breiten Spirale meines Schicksals, die mich letztendlich zu dieser Zauntür hergebracht hat. Mit vielen Windungen kreiselte meine Spirale... Mit jeder Windung beschleunigte sich das Kreiseln, als ob sich der Faden meines Schicksals um denselben Pfosten herumwickelte, an dem sie hing und um den sie sich herumschlug.

Und nun endlich diese Kollision mit ihr, wie eine Rückkehr zum Beginn aller Beginne. Zu einem Ausgangspunkt, der durch den Raum und die Zeit unbeeinflusst bleibt. Die Zeit fließt bloß an ihm vorbei und markiert von diesem Beginn an ihren Lauf, den auch ich durchlebte.

Viele flüchtige Berührungen fühlte die Zauntür in diesen langen Jahren. Und manchmal lehnten sich Menschen mit aller Schwerkraft an sie an. Die Menschen, die mit ihrem Unglück und ihren Sorgen an diesen Uferabhang gelangten. Und sie teilte ihre Schwere mit ihnen, immer mehr herabhängend und immer mehr bemoost. Teilte, um all menschliches Unglück nun durch knarrendes Heulen ihrer Angeln auf meine Seele auszuschütten.

Verfallen und bemoost steht sie am Rande des vor den Frühlingstoben des Flusses immer weiter weichenden Ufers. Unermüdlich schwingt sie hin und her um den einzigen gebliebenen Pfosten, immer und immer wieder den beharrlichen Flusswind in den seit langem durch das Unkraut bewältigten Hof hereinlassend. Schon lange fehlt der zweite Pfosten, der ihre endlose Unruhe hätte auf sich aufnehmen und dadurch ihr wenigstens eine kurze Ruhe schenken können.

Wie viele Jahre schaukelt sie hier? Wie viele Jahre winkt sie verabschiedend dem Fluss, der einen scharfen Bogen unter ihrem Uferabhang macht? Und wie viele Jahre werden noch vergehen, bis der auf dem Hof bummelnde Wind sie in diese endlosen, grauen Wellen hinunter umkippt? Wo schwimmt sie dann hin, ihrer einzigen Stütze beraubt?

Wo schaukelt das einsame Türchen, das aus meiner durch das Unkraut bewachsenen Vergangenheit in meine wellenreiche Zukunft führt? In welche Ferne treiben mich die unermüdlich herumschlagenden Wellen der scheinbaren Stille? Oder habe ich dieses Türchen und diese Stille bereits gefunden?...

* * *

Sozialpolitische Gedichte

"Was gereimt werden muss..."

anlässlich "des Gedichts" von Günter Grass vom Jahre 2012

(vierhebiger Jambus)

Von Grass Gedicht? Hab' nicht gefunden!
Ein Text, verfasst nur knapp und kurz,
Der ähnelt eher einem Furz
Von letztem Greis mit "Tinten"-Sünden!

Wer endlich nichts hat zu befürchten,
Verkündet das in alle Welt,
Was gar nichts Neues drin enthält,,
In diesen ungereimten Wörtern.

Was er da sagt, ist zwar schon wahr.
Die Wahrheit kennt aber so jeder,
Dass sie nicht wert mehr ist der Rede
Über "die Pulverfass-Gefahr".

Sogar in Deutschland jedes Kind,
Das deren Pulver dort bezahlt,
Verflucht dazu für alle Zeit,
Bis seine Nation verschwind't.

Hier könnte der Nobelpreisträger
Schon besser schützen deutsches Heim,
Wenn er die Wahrheit ohne Reim
Schrieb als der deutschen Kinder Kläger.

Vergaß wohl schon der alte Mann
In seinem Öffentlichkeitsdrang,
Wie mal – auch ohne Dichtungszwang –
Bestraffte Schicksal Möllemann!

Die Meute von partei'schen Ratten
Zerfleischet nun als Freiheitswächter
Und uns'res Bundestages Pächter
Den "unparteiischen Piraten"!

Wir lassen auch zum x-ten Male,
Dies alles über uns ergehen.
Im Namen Volkes führt Geschehen
Uns wieder zum verstopften Maule!

Ansonsten, ohn' dies zu bereuen,
Bewund're ich die SS-Garde,
Die letzten Träger alter Würde –
Der deutschen Ehre und der Treue!

Mich lehrte andere Geschichte:
Mein Vater war darein gezwungen!
Von ihm erfuhr, ohn' Doppelzunge,
Über Verrat ich und Vernichten!

* * *

Der Schutzengel*

(dreihebiger Amphibrachys)

Der zugeteilte mir Schutzengel
Kam nieder von irgendwoher
In meines Heimes Wiegeenge,
Bedeckte sie mit Himmelsflair

Im Alltag gab er mir die Freiheit
Zum Risiko und zum Skandal.
Ich selbst ertrug dort alle Rauheit,
Verdarb mein Leben wie Vandal'.

Ich bog mein Schicksal oft zum Brezel
Brach stets mein Leben zum Zickzack,
Gefühle mischte ich zum Rätsel,
Die Liebe trug doch wie Rucksack!

Davon blieb mir nichts ohne Spur:
Nur Traumen, Narben und viel Leiden!
Gewohnheiten wie Krebsgeschwür
Erwarb ich wie die Lieblingsfeinde!

Mein Engel sich erwies als Weiser -
Er schützte mich nicht vor Lappalien.
Ich trug mein Kreuz auf meine Weise
Durch alle wilden Bacchanalien!

Mit Altersweisheit seh' rückblickend
Ich doch zu meinem Lebensende
In meinem Zickzack in dem Rücken,
Dass ich in sicheren war Händen!

Das Böse ich bekämpft' erfolgreich
Auf meinen steinig' Lebensrouten
Und doch vermied die Fallen Teufels
Durch meine Liebe und das Gute!

* * *

---

* Nach christlichem Glauben gibt Gott jedem Menschen (nicht nur Gläubigen) einen Schutzengel bei, welcher "uns Helfer und Bürgen dafür, dass unsere Hoffnung und Sehnsucht nicht ins Leere gehen, **dass uns der Himmel offensteht**." (Katholischer Katechismus). Dies bedeutet, dass die Schutzengel uns vor Teufels Versuchungen schützen, die uns vom Weg nach Himmel abbringen und direkt in die Hölle führen. Zu deren vom Gott auferlegten Pflichten gehört dementsprechend gar nicht, für unsere leibliche Unversehrtheit zu sorgen und damit die Unkosten den Unfall- und Lebensversicherungen zu sparen, wie es in deren Werbungen behauptet wird, - sei denn diese von Versicherungen selbst und nicht vom Gott geschickt werden, was zu bezweifeln ist, weil so etwas noch mehr Unkosten verursachen würde. (*Anmerkung des Autors*)

Das Gesellschaftswerkzeug

(fünfhebiger Jambus)

Was für ein Wunder ist das Internet!
Uns bringt's zusammen über alle Grenzen!
Dort ist ein Seelenruf durch ganze Welt
Wie Elches Brüllen in der Frühlingsglänze!

Auf diesen Ruf sich sammeln Millionen
Zum Heiligkampf, zum Stürzen vom Regime,
Um den Kapitalismus zu entkrönen,
Und zum Gelage, zum Entladen Grimm!

Auf den Portalen bloggen alle Regeln,
Entscheiden alles für die kranke Welt:
In Russland - Gas um zuzudrehen Flegeln,
In den USA - wohin mit Krieg und Geld!

All dies ist doch nicht Internetes Bote -
Gelage, Krieg sind längst schon unsre Triebe -,
Gesprengt die Rahmen, weggefegt Verbote,
Schenkt dieses uns die grenzenlose Liebe!

Dort gibt's nicht wie im Disco den Albtraum -
Dort muss verstecken keiner sich unwürdig.
Im virtuell-imaginärem Raum
Wird nur Armseligkeit zu unsrer Hürde!

Nicht nur Kollegen kommen dort auf Sieb,
Wir sind beschränkt dort nur durch unsre Sprache,
Doch bist du polyglotter Herzensdieb,
Ist Geistverwandschaft Preis dir in der Sache!

Und wenn du Liebesschicksal packst am Schwanz,
Sie nächtelang bereit bist aufzusaugen,
Vergiss nur nicht: Nach all dem Netzesglanz
Will Sie dich doch im Endeffekt vor Augen...

Verlass dich dann nicht auf die Liebeskraft -
Die hilft in der realen Welt nicht richtig,
Weil nach wie vor hier gilt die Eigenschaft,
Die auch in Discos immer war schon wichtig!

So steht es fest: Das Netz ist Instrument!
Es ändert nicht das menschliche Verhalten!
Und, nach wie vor, im wichtigsten Moment,
Ist abgelehnt dein "Um-die-Hand-Anhalten"...

* * *

Zweifel an der Vollbeschäftigung

Zu den Wahlen 2009

(vierhebiger Jambus)

"Ich hab' zu tun!" - klingt überall...
Ich nähre Menschen gerne mich:
"Du tust ja doch gerade nichts!?.."
"Ich geb' mir Müh'!" - klingt Widerhall

"Was soll die blöde Ausrede?" -
So abgewiesen denke ich -
"Er leistet sonst ja wirklich nichts!
Sind dies bloß Spieles faule Regeln?"

So ist nun die Mentalität
Angeblicher Leistungsgesellschaft -
Angeben ist's, was Werte mehr schafft,
Als Resultates Qualität!"

Was ist dabei nun diese Leistung,
Die alle meinen hier zu meistern?
Dies wissen kaum noch die Meisten,
Die um die Uhr rund Mühe leisten!

"Zutun" bedeutet nichts und viel...
Als "Nichts" erweist sich Förderband
Mit einzeln lebenslangem Griff für Menschenhand,
Mit dem des Roboters Profil!

Auch Bankiers so mit ihrem "Hedge":
Sie leisten regelmäßig Krisen
Nach einer Menge Blasen-Riesen
Und immer läng'ren Autos-Stretch!

Als "Viel" kommt wenig in Betracht:
Im Nu ein Heureka, Gedicht,
Ein Blitz Ideen - Gotteslicht!
Die ist nun kurz - die Schöpfertracht...

Trotz Kürze ist die Leistung da -
Sie hinterlässt für Menschheit Spuren,
Die in der Zukunft sind zu spüren!
Was hat zu tun der Schöpfer dann?

Die Leistung hat ja ihre Spitzen,
Die Tiefen kommen denen nach...
Aber Gesellschaft hält sich wach -
Der "Nichts-zu-Tuer" wird bespitzelt!

"Was? Fällt nichts ein? Das ist ein Jammer!
Wie wär's mit dem Ein-Euro-Job?"
Der Schöpfer meint: "Ich bin erschöpft!.."
Und kriegt von Hartz gesetzten Hammer!

Erschöpft sein darf nur echter Schöpfer -
Zu tun hat nur die Politik:
Mit ihrem "Förderbahnen"-Blick
Macht Menschen sie zu ihrem Opfer!

Gelobt sei Opfer an der Bahn -
Der Steuer-Zähler und Bei-Träger!
Mit Arbeitsplätzen geht's zwar träge,
Dafür gedeiht der Wahlenwahn.

Gewerkschaft von Marx-Engels-Jahren
Verblödet Masse mehr denn je
Zu ihrem faulen Rotmilieu
Und bildet Sklaven aus in Scharen!

Sie propagiert das "Voll-zu-tun"
An jedem Fließband in Fabriken,
"Wär' bloß nicht diese Herrscherklicke!.." -
Bejammern Linke und Rot-Grün.

Die Schuld ist die Robotisierung:
"Zum Teufel euch mit dem Progress!
Heil sei der menschliche Regress
Mit unserer Arbeitisierung!"

Ein roter Pfarrer Saarlands -
Es scheint zu geben dort nur Rotes! -
Verspricht "Zutun" im Namen Gottes
Und hat zu tun schon Jahre lang...

Er gibt sich Mühe in Gebeten,
Herrn Gott zu bitten um die Gnade,
Um Arbeitsplätze... Wo gerade?
An Förderbändern in den Ketten!

Geschöpf des Gottes - sein Nachahmen
Mit seinem ganzen Intellekt -
Hat sich wahrscheinlich so befleckt
Und so verdient's im Pfarrers Namen!..

Jetzt reicht es aber, und ab nun
Ist eine Kluge an der Macht -
Ein pures Glück! Und was sie macht?..
Verspricht schon wieder "Voll-zu-tun"!

* * *

Altersalbträume

(vierhebiger Jambus)

Das Leben kommt mal in die Jahre
Und treibt so manche in Zwiespalt,
Obwohl versuchen sie den Halt
In hier und heute zu bewahren.

Doch immer öfter sie verfallen
In die Vergangenheit und Träume,
Wo sie die Gegenwart versäumen
In den gefährlichen Zeitfallen.

Und schon wird denen zum Verhängnis
Die Nostalgie an gute Zeiten...
Dort gab's im Leben keine Pleiten
Und weilte Glück auch im Gefängnis!

Sie trauern nach alten Regimen:
Die DDR war nicht so schlecht -
Auch dort verkehrte mal Geschlecht
Und gab's mithin auch Auberginen!

Geschweige denn von großem Bruder -
Sowjetischer Raketenmacht!
Vor ***UNS*** nahm sich sogar in Acht
Das ganze Revanschistenrudel.

Mit diesem faulen Aufpäppeln

In der Misere Alterslebens
Bleibt manch' zu oft an selber kleben -
Versucht sich selber zu veräppeln.

Die Wahrheit bringe ich ans Licht:
Der Nostalgie liegt die Ursache
Nicht an umgebenden Tatsachen,
Sondern an Jugendzeit an sich.

Ein Kind ist auch im Knaste glücklich,
Denn dieses kennt das Draußen nicht.
In seinem Dunkel ohne Licht
Glaubt es im Alter daran wirklich.

* * *

Zweifel am Alter

(zweihebiger Amphibrachys)

Ich bin immer derselbe -
Habe keinen im Rücken...
Nur unstillbare Seele,
Sechzig fast auf dem Buckel!

Willkommen in Klub
Von 50 und plus -
Das ist noch kein Schluß
Für uns - mancher Bub.

Schon guckt mancher Spießer
Uns schief manchmal an
Und redet nach Plan
Uns rein ins Gewissen:

"In so einem Alter,
Wie sieht es denn aus?"...
Die Frage setzt aus
Nur Außenseiter!

Ich lass' sie nicht zu!
Das ist nur die Prüfung
Und führt in Versuchung.
Nimm drauf kein'n Bezug!

Wie das? Sag' ich auch:
Nur schreibe Gedichte,

Erzähle Geschichten -
Versetz' dich in Rausch!

Erlebe die Liebe,
Als wärest du jung,
Verbrenn' dich drin! Und -
Du bist es ja wieder!

* * *

Schul-Denkriese

(vierhebiger Trochäus)

Das Gespenst des Kommunismus
Ging mal in Europa um...
Dieses des Kapitalismus
Tut dasselbe wiederum!

Banken haben es begriffen
In der schier maßlosen Gier,
Politik im Würgegriffe
Zu besitzn, um zu regiern.

Politik macht jetzt die Schule,
Endlich lernt sie mal zu zählen -
Nach der Eins wie viele Nullen
Werden uns die Banken stehlen..

Lehrer antworten Finanzen,
Habend keinen blassen Schimmer,
Ossi-Weib ward Bundeskanzler.
Tja... Der Kater wird bald Schwimmer!.

Kriseln Deutschland und Europa,
Alle retten Griechenland.
"Troika" spielt den Meister Proper
"Reinigt" dessen Widerstand!

Die verdammte Schulden-Krise
Treibt uns alle noch in Wahnsinn.
Lehrern fehlt ein Schul-Denkriese, Wer
die Krisen kriegte hin!

* * *

Eine kaputte Flasche

(*vierhebiger Jambus*)

Tandemgedicht mit Enkelsohn, ausgewählt im Gedichtwettbewerb des Frankfurter Literaturverlags "Die besten Gedichte 2011/2012".

Mir ging einst Flasche voll kaputt!..
Und wie es mir auch sehr leid tut,
Ist alles doch nicht ganz so schlimm -
Ich konnt' es eher nicht bestimmn.

Das Pfand ist zwar endgültig weg,
Wir finden trotzdem einen Weg,
Auch ohne auszukommen
Mit eigenem Einkommen!

Wir essen nicht mehr kaltes Eis,
Verzichten auch auf Importreis.
Wir sparen schädliches Benzin
Und fahren ab nun nirgends hin!

Wir kaufen keine Kleider mehr
Und laufen nackig wie am Meer!
Wir bleiben stur und lange dran
Dann schließt uns jeder Mensch sich an!

Die Krise macht die Welt grad krumm,
Die Flasche sei gepriesen drum! -
Sie rettete uns alle
Vor schrecklichem Finale!

* * *

Klaras Lied

(*dreihebiger Jambus*)

Tandemgedicht mit Enkelin

Ich gehe in die Schule
Und das macht mir viel Spaß!
Zu lernen finde cool ich,
Die Freunde sind auch krass.

Nur mögen sie die Pausen
Und ich tu's eben nicht.
Sie laufen spielen draußen,
Ich bleib', schreib' das Gedicht.

Ich lerne spieln Klavier,
Bald kriegt Gedicht die Noten.
So können singen's wir,
Uns tanzen sogar Motten!

Ich sag' euch, liebe Leute:
Mehr Spaß macht dann die Sache,
Das Lied zu singen heute,
Wenn ich es selbe mache!

* * *

Anlassgedichte

Zum traditionell 17. Geburtstag

(vierhebiger Trochäus)

Du bist immer noch bemüht,
Stets zu sein Mensch von Gemüht,
Und, dass ich's zu schätzen weiß,
Kriegst Du Rosen als Beweis.

Bleib' nur weiter wie Du bist
Und vergieß albernen Mist,
Den ich immer wieder bau',
Der ist nur ja Alltagsschaum!

Ich versprech' es weiterhin:
Keine Streite ohne Sinn!
Weißt Du doch: Wenn Du es bist -
Bin ich auch ein netter Christ.

Also wünsch' ich zur Geburt:
Sei nun glücklich nach Gebühr,
Liebe weiter Deinen Muzsch* -
Alles andre - einfach Wurs(ch)t!

* * *

* Ehemann (Rus.)

Die Sterne zum Geburtstag

(dreihebiger Jambus)

Seit lang hast du gemunkelt
Von deiner fernen Zukunft,
Und deine Innenstimme
Sang dir deine Bestimmung.

Du wolltest immer gerne
Berühren ferne Sterne.
Du sahst im dunklen Himmel
Der Hoffnung blassen Schimmer...

Jetzt bist du nun so weit,
Die Sterne steh'n bereit -
Sei deine Gegenwart
Zu dir nicht mehr so hart!

Und deine ferne Stimme
Lass nicht verstummen inne,
Greif jetzt nach deinen Sternen
Der nun so nahen Ferne!

Von deiner reinen Quelle,
Auf einer Traumwelle,
Mach dich auf Lebenswege
Und nimm mit unsren Segen!

* * *

Zum 5. Geburtstag!

(vierhebiger Trochäus)

Zum Geburtstag meiner Klara
Wünsche ich viel Spaß und Glück!
Feier deine fünf Jungjahre,
Guck nach vorn und nicht zurück!

Sei für ewig meine Sonne,
Scheine viele Jahre lang,
Gehe deinen Weg besonnen,
Und vermeide Stress und Drang!

Lass von vielen dich begleiten,
Finde Freund und keinen Feind,
Bleibe deines Lebens Leiter,
Bleib' so klug und seelisch fein!

Lebe froh, gesund und munter,
Mach' viel Freude allen 'rum,
Lass' dich niemals kriegen runter,
Mach' das Glück zum Eigentum!

* * *

Zum 10-jährigen Jubiläum

(*vierhebiger Jambus*)

Zehn volle, tolle Lebensjahre!..
Wie lang sind sie? - davon die Rede.
Sie doppeln zwar die von der Klara,
Sind Sechstel deren nur von Deda* !.

Das erste Bübchens Jubiläum -
Ein großer Schritt ins Leben hin,
Die Kindheit schwindt im Handumdrehen,
Auf dich kommt zu der Jugendsinn!

Hab' keine Angst, mein Bübsel-Liebsel,
Dies hat schon Mancher überlebt.
Lass' dich von Nichts und Niemand schubsen -
Sorg' selbst dafür, dass Leben bebt!

Verschwende nicht deine Talente -
Die hast du wohl in vollem Maß! -
Mit'm Kopf erfindest du Patente,
Mit'm Fuß erspiele dir nur Spaß!

Sensibel bist du in der Seele -
Das ist dein allergrößter Schatz!
Der trägt dich auf der Glückes Welle,
Bringt dir mal deinen Liebesspatz!

Dein jeder Tag macht uns so glücklich,
Dein jedes Glück macht uns so reich!

Du bleibst der größte Bruder wirklich,

Der größte Sohn und Enkel gleich!

* * *

---

* Opa (Rus.)

Continuation to the 13th birthday

(mixed trochaic/iambic tetrameter)

Make the best of every your day
As well as of every your year!
Know what you can and what you may,
But don't forget too, to take care!

* * *

Zu Tochters Geburtstag
(vierhebiger Jambus)

Zusammenführende für Eltern
Bist du geblieben auch bis jetzt,
Geworden zwar ein bisschen älter,
Gewesen auch vielleicht verletzt.

Die Hände führend uns zusammen
Noch damals als ein kleines Kind,
Du wolltest nur in deinem Namen,
Dass Mam und Pap befriedet sind!

Wie strahlten deine roten Backen,
Als du aus Frost nach Hause kamst,
Wie rittst du toll auf meinem Nacken
Im Freunden-Zwisch'n-Familjen-Kampf!

Du warst mein Kumpel und Begleiter,
Verwandt im Geist von Anfang an
Und standest immer mir zur Seite,
Falls ich ein Abenteu'r begann.

Und heut' bleibst du in deiner Rolle –
Durch dein so tolles KK*-Paar
Vereinst du uns im Namen Olja
Bis in die Zukunft sonderbar!

Bleib' nun gesund in ew'ger Jugend!
Du hast verdient das Lebensglück
Als Superfrau auch volle Tugend –
Drauf trinken wir heut' guten Schluck!

* * *

**Konsti-Klara*

Dem Schwiegersohn und Kumpel
(vierhebiger Jambus)

Du bist ja echt Familienstütze -
Der Vater, Trainer, Kinderfreund.
Du triffst Ideen wie Scharfschützer
Die Welt hast vorm Christkind erfreut!

Behalt' so weiter die Substanz
Gesundheit, Seele, deinen Geist.
Halt' Ungeheuer auf Distanz
Lass' nur die Liebe 'ran zumeist!

Begleiten Dich Erfolge, Siege
In allem, einschließlich Familie.
Das legte Gott Dir in die Wiege.
Mit Frau viel Spaß noch und Vanille!

Nun feier toll in lustig‘ Kreise
Mit Glühwein sowie heiß‘ Lambada,
Mach' nach Silvester schöne Reise -
Das wünschen Deda Dir und Baba*!
* * *

---

*Opa und Oma (Rus.)

Zum Vierzigsten

(vierhebiger Jambus -
die Melodie von "O Tannenbaum")

Die Welt ist alt, doch Du bist jung -
Das ist die Weisheit Deiner Ära,
Und das wär' Grund für uns genung
Dich heut' zu feiern, zu verehren!

Mit 40 trägst Du dazu bei,
Die greise Welt doch zu verjüngen.
Mit deinen Kindern nebenbei
Ist Neue Welt Dir auch gelungen!

Was Du beginnst, es ist egal,
Gelingt Dir alles zum Perfektum
Du bist der Größte allemal
In Deinen "Positiv-Effekten"!

Du gibst uns allen festen Halt, -
Wärst Du blos nicht vor Christ geboren!
Bleib trotzdem allen uns erhaltn,
Denn ohne Dich sind wir verloren.

Du hast nun Dein Plateau erreicht -
Man nennt das fälschlich "Lebensspitze" -
Glaub's mir, man wird dann noch mehr reif,
Wird attraktiv und weise spritzig!

Na, vorwärts dann und, bis es war,

Wir wünschen noch paar 40 Jahre!

Bleib nur gesund im Glück fürwahr,

Lass nicht ergrauen Deine Haare!

* * *

Zum 60-järigen Jubiläum
(zweihebiger Jambus)

Verfliegen Jahre -
So ist das Leben.
Drin zu verharren,
Wär's ganz daneben!

Sei heil, was komme:
Genuss der Reife -
Des späten Sommers -
Fast ohne Eifer!

Zurückgeblieben
Ist Leidenschaft -
Es ist die Liebe,
Die Glück uns schafft!

Lass' Dich gedeihen
In diesem Glück -
Nachkommn in Reihen
Ließ't Du zurück!

Die reine Seele
Macht Körper jung -
Bleib' immer selig
Und kerngesund!

Dein Jubiläum
Freut jung und alt,

Wir alle flehen:
Bleib' uns erhaltn!

Wir feiern heute
Den großen Tag,
Glückwünsche läuten:
Dich jeder mag!

* * *

Nun, zu deinem Fünfzehnten!

(*vierhebiger Jambus*)

Nun gingen noch fünf Jahr' ins Land -
Dein junger Körper schoss empor!
Du wirst vielleicht zwei Meter lang,
Doch bleibst mein Bübchen nach wie vor.

Du bist jetzt länger schon als ich,
Wirst größer auch noch, ganz bestimmt
Es geht dabei nicht ums Gewicht,
Darum, zu wem du dich mal trimmst.

Auch deine Stimme, mal klangvoll,
Vertiefte sich inzwischen stets.
Jetzt klingst du fast wie Robeson, Paul –
Vollzogen ist die Pubertät!

Na, vorwärts dann zu neuen Höhen!
Dir steht ja Vieles noch bevor,
Lass Bälle springen wie die Flöhe
Into the basket und ins Tor!

Trimm' Geist und Muskel zu Apollo,
Der Schönheit und der Dichtung Gott!
Versuch' in Team zu sein auch Solo,
Lauf' nach nicht jedem Angebot.

Ansonsten weißt du schon von früher:
"Dein jedes Glück macht uns so reich!"

Erlebe glücklich deinen Frühling

Erbaue deines Lebens Reich!

* * *

10 Jahre von Klara

(vierhebiger Trochäus)

Unsrer Klara-Wunderbaren
Wünschen wir noch 100 Jahre
Scheinen glücklich auf der Welt,
Wo die Liebe herrscht, nicht Geld!

Uns geht Sonne mit dir auf,
Du bestimmst des Lebens Lauf,
Alles machst du wunderbar,
Allen machst du alles Klar'!

Du bist lustigste von allen
Und lässt alle dadurch strahlen,
Du bist Sonne nicht umsonst,
Weil du Glückes Licht uns gönnst!

Du kannst alles, was Du tust,
Sei's Klavier, sei's Einradkunst,
Bist auch Sprecherin der Klasse,
Deine Klugheit ist so klasse!

Du kannst wickeln um die Finger,
Voll beherrschend Frauen Dinge,
So wirst du zur süßn Gefahr
Für die Jungs sein, doch fürwahr!

Alles hast du schön im Griff
Als des Mädchens Inbegriff,

Voll und ganz erfüllst du Zweck
Deines langen Lebenswegs!

Sei dein Jubiläum sonnig,
Sei dein Leben süß wie Honig
Mit Problemen nur ein wenig
An der Seite eines Königs!

* * *

Zum Geburtstag und zur Heimkehr!

(vierhebiger Jambus)

Nun jährt mal wieder die Geburt
Des großen, lieben Kinds Helena,
Wer selten lächelt, häufig murrt,
Nach wem wir trotzdem immer sehnen.

Trotz deinem anspruchsvollen Job
Bist du in Eh‘ getreu‘ Gemahlin.
Allein dafür verdienst du Lob,
Doch du versuchst dich gut beim Malen.

Dies alles bringt dir dein Entgelt
In guten Stunden, schlechten Tagen
Für ganze Miese dieser Welt,
Für die Entbehrungen und Plagen.

Indes dich endlich du entschloss,
Nach all ins Land gegangnen Jahre,
Zu kehren heim in unsren Schoß,
So können wir dich schön bewahren!

Gedeih hier fortwährend ab nun
Genieße deine reife Jugend,
Es gibt im Leben viel zu tun –
Entfalte richtig deine Tugend!

Wir wünschen dir viel Lebensgunst,
Bleib kerngesund und immer fröhlich,
Egal wie alt, du bleibst für uns
Für immer unsre kleine Löhlick!

* * *

Zum Jubiläum unsrer Fee

(vierhebiger Jambus)

Berlin-Hannover-Potsdam, August 2015

In meiner Kindheit sah ich Fee
In ihrem weißen Sommerkleid...
Sie wohnte mal in unsrer Nähe,
Mit uns geteilt Sibiriens Leid.

Ein Vorbild alles Mädchenhaften
Blieb mir seitdem für viele Jahr'
Als die Romantik-Leidenschaften,
Auf lebenslang nahm ich sie wahr..

Und dann verschwandst Du von Bildfläche,
Fast dreißig Jahre gingn ins Land...
Die Zeit war reif, und ich ward fähig,
Mein Stamm zu führn nachs Vaterland.

Wir hießen doch hier nicht willkommen
Und hatten keinen bessren Plan...
Die Fee ist zu uns gekommen –
Ich rief sie einfach panisch an.

Als Vorbild unsrer deutschen Zukunft
Erschienst auf „Honda" Du vor uns –
Moderne Frau, knappe Fünfzig –
Nahm uns mit, wissend was zu tun.

Als Retterin aus der Misere

Bleibst Du für uns in Ewigkeit!
Vergingen fünfundzwanzig Jahre,
Im Nu verflog die schönste Zeit.

Doch bleibst Du weiter schöne Fee,
Wem Ehre stets von uns gebührt!
Lass uns noch lange deine feiern
Von Gott gesegnete Geburt!

* * *

Freunds 60 Jahre

(vierhebiger Jambus)

Heut feiert Freund, der Akrobat,
Sein 60 Jahre Jubiläum!
Auf keins davon gab's mal Rabatt
Und nicht in jedem gab's Glücksklee.

Er kämpfte früher und bis jetzt
Für seinen Platz auf Sonnenseite.
Dabei brach nie er das Gesetz -
Anständig blieb vom Fuß bis Scheitel!

Den Sportlers Körper er bewahrt
Und Sehnen wie Gitarrensaiten!
Die Muskeln sind bei ihm stahlhart.
Er kann noch jedes Mädel reiten!

Mit Handstand kann er locker prallen
Und lehrt den jedem - groß und klein!
Auch nicht verlernt Salto-Mortale
Und bringt es seinen Schülern bei!

Dabei besitzt er Eleganz
Und Grazia ist seine Freundin.
Er meistert mit ihr jeden Tanz
Zu seiner und zu Frauen Freude!

Er kämpft für Ordnung so standhaft

Bewahrt so Deutschland vor Barbaren.
Davor, dass es sich selbst abschafft
Und ablebt so in ein paar Jahren.

So blüh' und wach' noch jahrelang
Zu Deinem und zu unsrem Wohle!
Dein Leib und Seele sind im Klang.
Damit stehst fest Du auf den Sohlen!

Bleib noch für lange unser Freund,
Von uns Bewacher und Beschützer!
Wir trinken heut auf Dich erfreut,
Auf Glück, auf Jagd auf neue Schürzen!

* * *

Zur Verlobung
(vierhebiger Jambus)

Eine Verlobung ist wie Siegel,
Ein Herz designet aus den Zweien!
Zugrunde liegt ihr nur die Liebe,
Der Anerkennung Ihr verleihet!

Vertraut einander in der Sache
Und suchet noch nach Eurem Glück,
Lasst zwischen Euch nicht immer krachen,
Sucht Kompromiss - nicht Weg zurück!

Designet weiter Eure Zukunft -
Juristisch wird sie schon gesichert!
Das Leben schleckt nicht immer Zucker,
Doch Ihr schafft das auch - wir sind sicher!

Die Zukunft ist - wir wissen - Kinder,
Nicht Job an sich und and'rer Kram,
Sie können alle Schmerzen lindern,
Durch sie bricht Eures Glückes Damm!

Dies Alles wünschen wir Euch heute
Im Übermaß und Überfluss!
Seid auch umkreist von guten Leuten
Und lebt in Liebe bis zum Schluss!

* * *

Zur Hochzeit

(vierhebiger Jambus)

Es wird von Keinem prophezeit
In Lebens nicht so hohen Zeiten,
Dass irgendwann kommt die Hochzeit
Mit deinem Liebsten an der Seite!

Nun ist er da, der hohe Tag -
Prinzessin wird zur Liebeszarin!
Die Feier läutet Glockenschlag,
Wenn Du geführt wirst zum Altar hin!

Besiegelt wird beim Standesamt
Geburt von euch als Ehepaar
Und Gottessegen, allesamt,
Erhaltet ihr vor dem Altar!

Im Kreise eurer Allernächsten
Beginnt eu'r neues Eheleben!
Hier knallen Korken, schäumen Sekte,
Die Tanzfläche beginnt zu beben!

Auf eure Liebe, euer Glück -
Sie machen Ehe sonnenklar!
Darauf trinkt einen guten Schluck
Der Freundeskreis - auf Brautpaar!

* * *

Zum Andenken an Hans

(vierhebiger Jambus)

Von uns gegangen lieber Hans,
Gerissen weg voll aus dem Leben,
Uns hinterließ im Trauer, Trans -
Im Herzensschmerz nach dir zu streben.

Du warst aktiv dein Leben lang,
Die Welt erforscht und ihre Wege.
In Gleis umwickelt unser Land
Von dir in deinem Tugendsegen

In wohlverdiente Ruhezeit
Gingst du voll Neugier, Lernen-Sucht:
Computer lerntest du bereits,
Im Internet nach Neu'm gesucht!

Du hast im Garten rumgewühlt,
Mit Ann-Marie bestiegst du Berge.
Die Welt bereist von Nord bis Süd,
Dich nicht beschränkt auf Gartenzwerge!

Familie mit Kind und Weib
Blieb nicht zu kurz auf dieser Strecke.
Du warst von ihr geliebt und bleibst
Für immer in der roten Ecke!

Du bist im Himm'l, in Gottes Hand -
In Frieden Seel', in Ruh dein Geist,

Als unser Bote hingesandt...
Wir kommen nach gegebner Zeit!

* * *

Das freundliche Beileid

(gemischte vier- bis siebenhebige Jambus un Trochäus)

Mein lieber Freund,
deine schreckliche Nachricht hat uns erreicht
und es tut uns so schrecklich leid
für euch in dieser schweren Zeit.

Richte bitte unser herzlichstes Beileid an deine Frau aus,
in ihrem immer noch bestehenden Elternhaus.

Wir wissen aus eigener Erfahrung viel zu gut,
wie sehr es dem Betroffenen weh tut...

Aber man lebt danach doch weiter,
besonders mit so einer Stütze wie du an der Seite.

Und noch was:
Wir haben euch für immer lieb.
Ich und die ganze Familie ...

* * *

Die Schließbarkeit des Kreises

(unregelmäßige Verse)

(aus meinem Roman "Die Schließbarkeit des Kreises", Teil I: "Der Zug fährt ab")

Der Thermometer fror unter minus fünfundvierzig Grad ein.
Der Kleine fühlte sich wieder klein.

Ihre Strasse war bis zum Dach verschneit. -
So war es schon immer in ihrer Kindheit.

Der Weg zu dem für den Kleinen heimischen Friedhofe
Wurde im Schnee mit einem Bulldozer freigestoßen.

Der Weg außerhalb des Dorfes - etwa zwei Kilometer lang -
Dorthin, wo früher ihr "Landgut" lag.

Der Sarg wurde auf einen Pferdeschlitten gestellt:
Die letzte Flucht des Vaters vor dieser Welt,

Die ihn lebenslang versuchte zu killen.
Diesmal flüchtete er aus seiner eigenen Familie,

Für die es ihn noch immer gab.
Der Trauerzug fuhr nunmehr ab.

Am Rande des Dorfes nahmen die vier Söhne den Sarg vom Schlitten
Und trugen ihn weiter auf ihren Schultern.

Sie begriffen jetzt endlich und plötzlich alle,
Warum sie gerade zu viert vom Vater geboren waren.

Und es war unerträglich zu sehen,
Wie der Vater so ganz alleine in weißem Schnee

Und so ganz unten auf dem Schlitten
Über die todverschneite und todgefrorene Strasse glitt.

Nun schwebte und glitt er auf ihren Schultern
So ganz oben über den Köpfen von allen Leuten.

Sie trugen ihn zwei Kilometer lang
Und kein Fremder kam mehr an ihn heran.

Der Kleine - auf einmal - verstand -
Das war das einzige, was er für ihn noch tun kann.

Mit ihm auf den Schultern durch Schneewehen
Und durch die Menschen zusammenzugehen:

Wie er es früher so kindisch mochte,
Was ihn auch so stolz auf die Söhne machte.

Nun trugen sie ihn zu ihrem alten Friedhof.
An ihm hat der Vater auf den Kleinen gehofft.

An dem war der Kleine von ihm geboren.
Der war mal zu Kleines Spielplatz geworden.

Hier hatte er seinen Horizont ausgewählt.
Der Friedhof war mal seine ganze Welt,

Wo der Vater ihn auf den Schultern trug.
Nun kehrte der Vater auf seinen Schultern zurück.
Auf das von ihm ausgedachte Landgut.

Weil sich alles auf der Welt
In endlosen Kreisen dreht,
Und nichts - außer menschlicher Aufrichtigkeit - so gerade zählt.

Weil jede Gerade, die man sieht,
Nur ein Kreis mit endlosem Radius ist.

Und alles, sogar was verloren zu sein schien,
Kommt irgendwann wieder auf seine Kreise hin.

Und alles, was geschah, geschieht nun wieder.
Und wird wieder geschehen und kommt mit den Anderen nieder.

Aber dieser Kreis schloss damit ab,
Als ob es nichts dazwischen gab.

Der Kleine verstand an diesem Tag-X
Zwischen Anfang und Ende war alles nichts.

Und nichts wird mehr wie früher sein,
So wie der Kleine wird nie wieder klein...

x x x

Meine dreisprachigen Haiku-Verse

Haiku ist eine traditionelle japanische Gedichtform, die heute weltweit verbreitet ist. Sie gilt als die kürzeste Gedichtform der Welt.

Selige Kinder -
Die Fortsetzung des Lebens.
Göttliches Wunder!

———

Святые дети -
Продолжение жизни.
Чудо на Свете!

———

The blessed children -
Continuation of life.
Divine creation!

* * *

Es regnet wieder.

Tag ist trüb und verdrießlich.

Himmel geht nieder.

_____

Дождливо стало.

Дни коротки и мрачны.

Небо упало.

_____

It rains in the town.

The day is gloomy, morose.

The sky's falling down.

* * *

Du, ich und der Raum.

Dieses Flugzeug gelandet.

Das Ende des Traums.

_____

Ты, я и взлёты.

Самолет приземлился.

Конец полета.

_____

You, the space and me.

The aircraft has landed now.

The end of dreaming.

* * *

Kaminbrett ist hier.

Drauf steht die alte Sanduhr -

Sandmelancholie.

_____

Камина доска.

Там песочные часы -

Песок и тоска.

_____

The fire board is here.

Thereon is one old hourglass -

Sand melancholy.

* * *

Das moderne Netz

Uns durcheinander gemischt.

Trotzdem schmerzt das Herz.

_____

Модерный инет

Перетасовал людей,

Но все счастья нет.

_____

The modern network,

It has shuffled all the people,

But we miss the luck.

* * *

Fabriktor führt hin,

Zu vielen Arbeitsplätzen.

Leben ist dahin.

_____

Вот дверь - проходом

До рабочего места.

А жизнь за входом.

_____

Factories open.

The people stream to many jobs..

The life is broken.

* * *

Der Krieg und Frieden

Zwischen Winter und Frühling

Wird nicht entschieden.

_____

Борьба снаружи

Между зимой и весной

Решить не может.

_____

The fighting outside

Between the winter and spring

Can't be decided

* * *

Poetische Übersetzungen

Aus dem Ukrainischen: Die Nationalhymne der Ukraine

"Noch nicht starb die Ukraine"

(siebenhebiger Trochäus)

Text von Paul Tschubinsky (1862)

Musik von Michael Verbitsky (1865)

Noch nicht starb die Ukraine, weder Ruhm, noch Wille,
Noch uns, Brüder-Ukrainer, lächelt Schicksal stille.
Unsre Feinde noch verschwinden, wie Tau in der Sonne
Und wir, Brüder, führen selber unser Land zu Wonne.

Leib und Seele geben dahin wir für unsre Freiheit,
Und wir, Brüder, zeigen unsres Kosakenstamms Reinheit.

Brüder, stehen auf für blutig' Schlacht von San bis Done
Lassen wir in Heimat niemand herrschen von dem Throne;
Schwarzes Meer wird lächeln noch und Vater Dnjepr sich freuen,
Wieder wird das Schicksal unsrer Ukraine blühen.

Leib und Seele geben dahin wir für unsre Freiheit,
Und wir, Brüder, zeigen unsres Kosakenstamms Reinheit.

Eifer und die ehrlich' Arbeit werden sich beweisen,
Noch verlautet Lied darüber in unseren Kreisen,
Drängt es hinter die Karpaten und die Steppenrände,
Und der Ruhm der Ukraine wird bekannt noch Fremden.

Leib und Seele geben dahin wir für unsre Freiheit,
Und wir, Brüder, zeigen unsres Kosakenstamms Reinheit.

* * *

Aus dem Russischen: Alexander Sergejewitsch Puschkin

(6. Juni 1799 in Moskau;*

† 10. Februar 1837, Sankt Petersburg)

A.S. Puschkin war das zweite von fünf Kindern des vormaligen Gardeoffiziers Sergei Lwowitsch Puschkin und dessen Ehefrau Nadeschda Ossipowna, geborene Hannibal. Väterlicherseits stammte er aus einem alten Adelsgeschlecht. Mütterlicherseits war sein Urgroßvater Abraham Petrowitsch Hannibal, ursprünglich ein afrikanischer Sklave, der dem Zaren Peter dem Großen geschenkt, dessen Patenkind wurde und später bis zum Generalmajor und Gouverneur von Reval aufstieg.

Puschkin gilt als russischer Nationaldichter und Begründer der modernen russischen Literatur. Bis zum Einmarsch Napoleons in Moskau 1812 sprach die russische Oberschicht Französisch. Nach dem darauf folgenden Brand Moskaus fragte man sich, warum man eigentlich die Sprache des Feindes spreche. Puschkin bereitete in seinen Gedichten, Dramen und Erzählungen der Verwendung der Umgangssprache den Weg; er schuf einen erzählerischen Stil, der Drama, Romantik und Satire mischte – ein Stil, der seitdem untrennbar mit der russischen Literatur verbunden ist und zahlreiche russische Dichter massiv beeinflusste.

Seine romantischen Zeitgenossen waren Byron und Goethe; er wurde beeinflusst von Voltaire und den Shakespeareschen Tragödien.

Ich liebte Euch...

(für Anna Olenin)

(fünfhebiger Jambus)

Jahr 1829

Ich liebte Euch: Vielleicht erlöscht' die Liebe
In meiner Brust noch nicht so ganz und voll.
Ich halte aber sie von Euch fern lieber.
Ich will mit ihr Euch grämen keinen Zoll.
Ich liebte Euch stillschweigend, ohne Hoffnung,
Von Furchtsamkeit, von Eifersucht gequält.
Ich liebte Euch so ehrlich und so offen
Wie Ihr geliebt von Andrem seid erwählt.

* * *

Widmung an die Gräfin K. Sobanskaja

(eine Abenteurerin und Geheimagentin der Zarenregierung, in wen A. Puschkin und A. Mickiewicz verliebt waren und ihr ihre Gedichte widmeten)

(vierhebiger Jambus)

Jahr 1830
Was ist dir meines Namens Schall?
Der stirbt wie traurig Lärm der Wellen,
Die gegen fernes Ufer prellen,
Wie nachts im Walde Widerhall.

Er hinterlässt nur tote Spur
In der Erinnerungen Wüste
Wie ein aufm Grabstein Inschrift-Muster
In der fremdsprachigen Gravur.

Was ist darin? Vergessn schon lang
In neu rebellischen Geplänkeln,
Gibt deinem Geist er keinen Drang
Zum reinen, zärtlichen Andenken.

Doch lass am stillen Trauertag
Aus deiner Sehnsucht ihn erheben.
Sag, die Erinnrung an mich magst,
Ein Herz gibt's nur, in dem ich lebe...

* * *

"exegi monumentum"

(vier-, fünf- und sechshebiger Jambus)

Jahr 1836
Ich hab mir aufgesetzt ein Denkmal nicht handwerklich,
Zu ihm wird nie mit Graß verwachsen Volkespfad,
Es übertraf empor mit stolzem Haupt gar merklich
Der Alexandersäule Grat.

Nein, sterbe ich nicht ganz – Tod überdaurt die Seele,
In sehnlich' Leierklang entgeht Verwesen sie –
Und ruhmreich bleibe ich, solang's in Mondeshelle
Poeten gibt und Poesie.

Mein Ruf erschallt fürwahr durch ganzes Russland milder
Und jede Sprache hier nennt mich im Augenblick,
Ein stolzes Slavenkind, ein Finne und ein wilder
Tunguse, Steppenfreund Kalmyk.

Ich bleibe lange Zeit dem Volk dadurch gefällig,
Dass ich mit Leier wach die Herzensgüte tat,
Dass ich in harter Zeit die Freiheit rühmte selig,
Um Gnade zu Gefallnen bat.

Dem Gottes Willen sei, o Muse, nun gehorsam,
Vor Kränkung – keine Angst, verlang nicht Lorbeerkranz.
Verleumdung sowie Lob nimm gleichgültig, geruhsam,
Bestreite Toren nicht und Schwanz.

* * *

Tatjanas Brief zu Onegin

("Eugen Onegin", Kapitel 3, XXXI»)

(vierhebiger Jambus)

Ich schreibe Euch nun – was für Sühne!
Was soll ich fügen noch hinzu?
Ich weiß, jetzt liegt's in Eurem Sinne,
Mich zu verachten nahezu.
Doch Ihr, verspürend tief im Innren
Zu meinem Los Barmherzlichkeit,
Verlasst mich nicht in dieser Zeit.
Zunächst wollt' ich bewahren Schweigen.
Vertraut Ihr mir: Von meinem Schmach
Erfuhrt Ihr nie, hätt' ich nur schwach,
Nur wenig Hoffnungen etwaige,
Nur selten, wöchentlich einmal
Zu sehen Euch bei uns normal,
Zu hören wie Ihr redet trefflich,
Ein Wort zu sagen Euch und dann
Zu denken Tag und Nacht fortan
An Eins nur bis zum neuem Treffen.
Man sagt doch, Ihr seid menschenscheu.
Und es ist Euch im Dorf langweilig,
Und wir... Wir sind nur schlicht und treu,
Doch freuen uns auf Eu'r Verweilen.

Wozu besuchtet Ihr uns hier?
In Einöde vergessnen Ortes
Ich hätte Euch gekannt ja nie,
Erfahren nie Qual dieser Sorte.

Und Seelenflug in diesen Worten.
Mit Zeit gebändigt (wer's schon weißt?),
Ich fänd' ein Freund nachm Herzens Rate
Und wärd' zur treuen Ehegattin,
Und tugendhaften Mutter einst.

Ein Andrer!.. Nein, ich hätte Keinem
Mein Herz verschenkt, das wär' Verrat!
Nach Himmels Willen bin ich Deine.
Bestimmt ist das im höchsten Rat...
Als Pfandgut war mein ganzes Leben
Für sich'res Treffen nur mit Dir.
Ich weiß, dass Gott schuf Dich soeben
Und als Beschützer schickte mir...
Und Du erschienst mir schon in Träumen
Unsichtbar noch warst Du mir lieb,
Dein schöner Blick war Herzensdieb,
Die Stimme klang in Brust wie Reime
Schon lange... – Nein, das war kein Traum!
– Erkannte Dich ich und gedanklich
Gesagt: „Das ist er!" Mir ward's schwankend
Sogleich, als Du betratst den Raum.
Ist das nicht wahr? Dich hört' ich dankend:

Du sprachst gelegentlich zu mir,
Als ich den Armen half und Kranken,
Statt Gram die Freud' versucht' zu tanken
Durch flammendes Gebet zu Dir?
Warst Du das nicht, charmant' Erscheinung,
Wer für Moment, nach meiner Meinung,

In klarem Dunkel mir erschien,
Verneigend sich zu meinem Kissen,
Die Hoffnungsworte ließ mir fließen
Und Seele schmelzen schlicht dahin?
Bist Du mein Schutzengel gesuchter,
Oder heimtückischer Versucher?
Na komm', zerstreue mein Zwielicht.
Vielleicht ist alles nur noch Leere,
Der jungen Seele falsche Sicht!
Die Zukunft bringt mir andre Lehren...
Doch sei es drum! Und mein Schicksal
Vertrau' Dir an ich nun für ewig,
Ich weine aus Dir mein Trübsal,
Und fleh' um Schutz Dich untertänig...
Stell Dir das vor: Ich bin allein,
Versteht mich niemand, meine Seele,
Vernunft bei mir verwelkt unselig,
Zugrunde geh ich, wie es scheint.
Auf Dich ich warte in der Hoffnung,
Dass du mein Herz zum Leben weckst.
Sei denn, damit's nicht weiter wächst,
Du brichst den Traum durch Vorwurf schroffen!

Nun Schluß! Den lese ich nicht mehr...
Mir ist's beschämend, angst und bange...
Eu'r Anstand ist nun mir Gewähr,
Ich überlass' mich dem solange...

* * *

Onegins Brief zu Tatjana

"Eugen Onegin", Kapitel 8, XXXII»

(vierhebiger Jambus)

Ich seh' voraus es: Euch verletzt
Geheimer Beichte hier Betrachtung.
Und was für bittere Verachtung
Zeigt Euer Blick mir stolz ab jetzt!
Was will ich nun? Mit welch' Zielsetzung
Eröffne meine Seele leicht?
Und welchem boshaften Ergötzen
Gewähre Anlaß ich vielleicht!

Euch einmal zufällig getroffen,
Gemerkt Eur' Liebe zarte Hoffnung,
Traut' ich ihr nicht über den Weg,
Gab keine Chance der netten Wahrheit
Und meine gottverdammte Freiheit
Wollt' ich verlieren keineswegs.
Und etwas noch uns trennte damals...
Als Unglücksopfer Lenskij fiel...
Mein Herz riß ab ich nach dem Drama
Von allem, was ihm mal gefiel.
Für alle fremd, für alles Gaffer,
Dacht' ich mir: Freiheit bringt ins Lot
Mein Leben, Glück. Mein lieber Gott!
Was für ein Irrtum, was für Strafe!

Nein, Euch zu sehn jed'n Augenblick,
Zu sein von Euch ein blasser Schatten,

Verliebt zu fangen Euren Blick,
Von Euch ein Lächeln zu ergattern,
Euch zuzuhören, zu verstehn
Eure Vollkommenheit besonnen,
Vor Euch erstarrt vom Leid zu stehn,
Verblasst zu siechen... Das ist Wonne!

Doch dies bleibt mir verweigert und
Euch hinterher ich lauf' wie Blinder.
Mir ist wert jeder Tag und Stund:
Doch ich vergeud', gesagt gelinde,
Vom Schicksal mir erteilte Zeit.
Dabei ist die auch schweres Leid.
Ja, meine Tage sind verstrichen.
Damit so schnell kommt Ende nicht,
Muss ich sein jeden Morgen sicher,
Dass Euch am Tage sehe ich...

Ich fürchte, dass in meinem Flehen
Ersieht mit Strenge Euer Blick
Ein hinterhältiges Vergehen –
Ich ernte Zorn für diesen Trick.
Wenn Ihr nur wüstet, wie ist's kläglich,
Zu leiden an der Liebesglut,
Zu flammen und vernünftig täglich
Zu dämpfen Leidenschaft im Blut,
Zu wollen Eure Knie umarmen
Und, heulend, neben Eurem Fuß
Zu beichten, flehend um Erbarmen,
Euch alles was ich beichten muss.

Stattdessn soll ich zeigen Kälte
In meinen Reden, meinem Blick,
Gespräch in Ruhe führn, ohn' Glück
Beäugen Euch und lächeln selten!..

Doch sei's dem so und willenlos
Kann ich Begierde nicht mehr stillen.
Das war's: Ich bin in Eurem Willen,
Ergebe mich nun meinem Los.

* * *

„Eugen Onegin“

Tatjanas letzte Aussprache

(vierhebiger Jambus)

XLIII

"Onegin, ich war damals jünger
Und besser aus der heutig’ Sicht,
Und liebte Sie. Was hab’ errungen?
Was fand in Ihrem Herzen ich?
Was für ’ne Antwort? Nur die Strenge.
Ist’s nicht so? Kannten Sie in Mengen,
Des jungen Mädchens Liebesglut?
Und jetzt – mir stockt in Adern Blut,
Wenn ich nur denk’ an Ihre Rede
Und auch an Ihren kalten Blick...
Und doch im bittren Augenblick
Verhilten Sie sich richtig edel.
Sie hatten recht damals mit mir:
Ich danke Ihnen sehr dafür...

XLIV

Damals – nicht wahr? – in der Einöde,
Weit weg von Hektik und Gerücht
War ich für Sie vielleicht wie jede...
Wieso verfolgen jetzt Sie mich?
Warum bin Ziel Ihrer Begierde?
Vielleicht dank meiner Fürstinwürde,
Der Oberschicht, wo ich zur Zeit
Verkehre, reich, bekannt so weit,
Dem Mann, in Schlachten schwer verstümmelt,

Wofür uns kuschelt Zarenhof?
Weil meine Schmach wär' jetzt als Stoff
Für jeden Klatsch und Tratsch bestimmend
Und könnt' für Sie in Oberschicht
Verführers Ehre stelln in Sicht?
XLV
Wenn Sie sich noch an junges Mädel,
An mich von einst, erinnern zart
Dann wissen Sie, dass Ihren Tadel,
Gespräch, abweisend, kalt und hart,
Hätt' ich die Macht dazu und Würde,
Würd' vorziehn leidiger Begierde,
Den Tränen sowie diesem Brief.
Als ich in Träumen war einst tief,
Da hatten Sie sogar Erbarmen,
Vor meinem Alter noch Respekt...
Und jetzt! – Wieso? Was für Aspekt
Brachte Sie jetzt in meine Arme?
Was führte Sie mit Ihrem Sinn
Zum Sklaven Kleingefühles hin?
XLVI
Doch mir, Onegin, ist der Luxus
Nur des beschämten Lebens Tand
Die Welterfolge, Prachtauswüchse,
Mein Haus und Bälle, hoher Stand –
Was ist das? Ich wär' froh gerade,
Den Trödel dieser Maskerade,
Den Glanz, die Späße allerart
Gleich abzugeben für den Gartn,
Fürs Buchregal, für das Zuhause,

Für Orte, wo zum ersten Mal,
Onegin, sah ich Sie einmal,
Für anspruchslosen Friedhof draußen,
Wo Schatten sind, einsames Kreuz
Für meine Amme steht aus Holz...
XLVII
Das Glück ja war so nah, so möglich!..
Mein Los ist klar. Jetzt ist für mich
All das vorbei. Damals, womöglich,
Agierte unvorsichtig ich:
Die Mutter flehte mich mit Tränen,
Beschwöhrte mich. Trotz allem Sehnen
War jedes Schicksal mir egal...
Ich heiratete. Dieses Mal
Sie müssen, bitte, mich verlassen.
Ich weiß, dass dem Begehren trotz
Bewahren Ehre Sie und Stolz.
Ich liebe Sie (wozu anmaßen?),
Doch bin vergeben ohne Reu'
Und bleibe ihm für ewig treu"

* * *

Aus dem Englischen: Percy Bysshe Shelley

* 4. August 1792 in Field Place, Sussex;

† 8. Juli 1822 im Meer bei Viareggio in der italienischen Provinz Toskan

Percy B. Shelly war ein britischer Schriftsteller und Dichter der Romantik. Er war ein Verfechter des Atheismus. Shelleys Dichtungen stießen wegen ihrer abseitigen Sujets und unkonventionellen Ansichten bei den Zeitgenossen überwiegend auf Ablehnung. Ihnen wird jedoch auch von Kritikern eine besondere Schönheit der Sprache und des dichterischen Ausdrucks in weiten Passagen zugebilligt.

Außer seinen eigenen Dichtungen hat Shelley Übersetzungen von Werken Calderons und von Goethes "Faust I" hinterlassen. Die vielfältige Dichtungsart von Goethe mit gemischten Formen, wechselndem Metrum, perfektem Jambus ohne Reim beeinflusste Shelley eindeutig, wie es seine Dichtungen unten beispielhaft zeigen.

Erst 1847 erschien die erste, zuverlässige Gesamtausgabe seiner Werke, die Mary Shelley veröffentlichte.

Philosophie der Liebe

(gemischte drei- vier- und

fünfhebige Jambus und Trochäus - kursiv markiert)

Die Quellen mischen sich mit Flussen,
Die, sich mischend, Meere füllen.
Die Himmelswinde immer fließen
In die Glücksgefühle.
Auf der Welt ist nichts vereinsamt.
Alle Ding' durch Gottesrecht
Sind ein in anderem gemeinsam –
Wär's für uns nicht recht?
Sieh, die Berge küssen Himmel,
Wellen umklammern einander.
Der Blumenschwester wird's verzeiht nimmer,
Veracht' sie Bruders Band je.
Sonnenlicht umklammert Erd',
Und der Mondstrahl küsst das Meer -
Was sind all die Küsse wert,
Wenn du küsst nicht mehr?

Januar 1820.

Königin Mab - Ein philosophisches Poem

(gemischte drei- vier- und
fünfhebige Jambus und Trochäus - kursiv markiert ohne Reim)

Wie wundervoll ist Tod
Sowie sein Bruder Schlaf!
Der eine, wie dort Halbmond bleich
Mit Lippen grell und blau.
Der andre wie das Morgenrot,
Wenn es auf Wellen thront,
Errötend über Welt.
Vergänglich beide wundervoll!

Hat dann die düstre Power,
Der'n Herrschaft nur in faulen Gräbern ist,
Ergriffn die sündlos' Seel'?
Muss beispiellose Form,
Welch' Liebe und Bewundrung nicht sehn kann
Ohn' Herzensschlag durch Adern azurblau,
Welch' stehlen sich wie Ströme auf dem Schnee,
Ist diese feine Skizze schön
Wie aufm Marmor der Atem?
Muss Atem des Zerfalls
Nichts lass'n vom himmlischen Anblick
Nur Ekel und Ruin,
Ersetzt nichts düsters Leitmotiv,
Wo hellstes Herz moralisieren könnt'?
Od' ist es nur ein süßer Schlummer,
Der Gefühle raubt uns,
Welch' den Atem rosgen Morgens

Jagd zurück ins Dunkle?
Wacht Ianthe wieder auf,
Zu geben treuen Busen Lust,
Dessn schlaflos' Geist erwartet Fang
Lichts, Lebens, Glücks von ihrem Lachn?

Ja! Sie wird wieder weckn,
Obwohl ihr' heißen Glieder reglos sind,
Und leise süße Lippn,
Mal warn sie eloquent,
Sie konnten zähmen Tiger's Wut
Und kaltes Herz Eroberers auftaun.
Ihr' feuchten Augn sind zu,
Der Lider feine Haut
Kaum deckt die blauen Kugeln drin,
Schlaf Baby ist geborgen.

* * *

Zu Nacht

(zwei-drei-vierhebige Trochäus und Jambus)

Schnellen über die westlich' Well',
Seele der Nacht!
Aus nebligen östlichen Höhl',
Wo einsam' Licht, die Tagespracht,
Die Träume webt von Freud' und Angst,
Die dich so machen, lieb und bang –
Dein Flug verbracht!

Stell' dich in grauem Mantel dar,
Stern-Event!
Blend' Tages Augen mit dem Haar;
Küss sie, bis sie schließlich müde gähnt,
Dann wandere über Land, Meer und Stadt
Alles streif' mit deinem Zauberstab –
Komm, Ersehnt'!

Als ich da kam, sah Dämmerung,
Ich seufzt' um dich;
Als Licht hoch ritt, der Tau war im Schwund,
Und Mittag schwer Bäume und Blumen strich,
Kehrte müde Tag zu seiner Rast,
Verweilt wie ungeliebter Gast,
Ich seufzt' um dich.

Dein Bruder Tod kam und rief:
Willst du mich?
Dein süßes Kind Schlaf, Augen rieb,
Fragt' wie der Mittags Biene Stich,
Soll ich sein in deiner Näh'?
Willst du mich? – Ich sagte jäh:
Nein, nicht dich!

Tod kommt dann, wenn du bist tot,
Viel zu früh –
Schlaf kommt dann, wenn Flügel flott.
Ich hätte nichts um Seg'n geschrien,
Ich frage dich, geliebte Nacht, –
Ziehst Du Anflug in Betracht,
Komm früh, früh!

* * *

Ozymandias

(fünfhebiger Jambus,

Original-Reimschema: ababacdcedefef)

Ich traf 'nen Reisenden aus antik' Land,
Wer sagt': Zwei Beine, rumpflos, groß aus Stein
In Wüste standn. Daneben lag aufm Sand,
Versunken halb, Gesicht, zerstört, allein,
Dessn Stirn und Lippn, Befehl an welchen stand,
Verratn, sah Künstler Leidenschaften wohl,
Er leitet' sie auf toten Steinen her,
Die Hand voll Hohn, das Herz, von diesen voll;
Und auf dem Sockel Überschrift erscheint:
"Mein Name – Ozymand, der Herrscher Herr:
Schaut, Mächtigen, auf meiner Werke Schein!"
Nichts nach dir bleibt. Verwesung nah und fern
Von diesem Riesenwrack, nur kahler Stein,
Den Sande ebnen, strecken weit entfernt.

* * *

Die Übersetzung

von Adolf Strodtmann, 1866

(In Sonett-Form, fünfhebiger Jambus,

Reimschema: abba abba cde cde)

Ein Wandrer kam aus einem alten Land,
Und sprach: „Ein riesig Trümmerbild von Stein
Steht in der Wüste, rumpflos Bein an Bein,
Das Haupt daneben, halb verdeckt vom Sand.

Der Züge Trotz belehrt uns: wohl verstand
Der Bildner, jenes eitlen Hohnes Schein
Zu lesen, der in todten Stoff hinein
Geprägt den Stempel seiner ehrnen Hand.

Und auf dem Sockel steht die Schrift: ‚Mein Name
Ist Osymandias, aller Kön'ge König:
–Seht meine Werke, Mächt'ge, und erbebt!'

Nichts weiter blieb. Ein Bild von düstrem Grame,
Dehnt um die Trümmer endlos, kahl, eintönig
Die Wüste sich, die den Koloß begräbt.

* * *

Trauerfall

(vierhebiger Amphibrachys,

Reimschema: AbAbCCCbdedeFFFe)

Wie *ernst* sind des *trost*losen *Trau*ernden *Lei*den
Als *er* sich noch *beugt* zu ge*heil*igter *Bahr*',
Als *er* sich weg *duckt* vorm Hohn *Spött*erge*mein*de
Und *fällt* eine *Trä*ne zur *Per*fektion *gar*;
Verzweiflung in Fluten wenn Wangen ihm säumen,
Wenn selige Hoffnung kann nicht mehr aufbäumen,
Wenn, oder, kurz eingelullt, lässt er 'ran Träume,
Und *fin*det den *Lieb*sten so *lieb* wunder*bar*.
Ach, wann kommt der Tag in des Grabes die Nacht,
Od' Sommer durchdringt kalten Winter vom Tod?
Ruh glücklosen Opfern! Der Himmel bewacht
Den Geist, dessen Atem verklang, jetzt beim Gott.
Das ewige Leben in purpurnem Schatten,
Wo Wolken des Schicksals sind nicht mehr gestattet,
Nur herrliche Wonne, die Güte in Satten,
Wenn Trauer verblasst wie beim Tag Morgenrot.

* * *

Aus dem Schwedischen: Tomas Tranströmer

Schwedens Haiku (in meiner Interpretation)

Tomas Tranströmer - Schwedischer Schriftsteller und Dichter, seit 2011 Literatur-Nobelpreisträger Befürworter der Kürze - ein Minimum von Wörtern und Sätzen zum Erstellen von komplexen und gesättigten Bildern, was ihn unweigerlich und immer wieder zu Haiku-Versform führte. Es war vor allem seine Haiku-Kunst die Grundlage für den Nobelpreis.

I

Kraftledningarna
spända i köldens rike
norr om all musik.

Die Stromleitungen
angespannt ins Reich des Frosts
nördlich von Musik.

Электросети
ведут в царство мороза
прочь от музыки.

The power lines
tense in the kingdom of frost
north of all music.

*

Den vita solen
träningslöper ensam mot
dödens blåa berg.

Die weiße Sonne
läuft in Einsamkeit gegen
Berge des Todes.

Белое солнце
бьет одиноко против
синих гор смерти.

The white sun body
runs in loneliness against
the mountains of death.

*

Vi måste leva
med det finstilta gräset
och källarskrattet.

Wir müssen leben
mit den feineren Gräsern
und Kellerlachen.

Мы должны жизнь жить
с тончайшими травами
и темным смехом.

We have to live life
only with the fine grasses
and the basement laugh.
*

Solen står lågt nu.
Vara skuggor är jättar.
Snart är allt skugga.

Sonne steht jetzt tief.
Schatten sind wie von Riesen.
Bald alle Schatten.

Солнце вмиг низко.
Тени как от гигантов.
Вскоре все тени.

The sun is now low.
The Shadows are as of giants.
Soon it's all shadows.

II

Orkidéerna.
Tankbåtar glider förbi.
Det är fullmåne.

Die Orchideen.
Tankschiffe gleiten vorbei.
Es ist der Vollmond.

Тут орхидеи.
Танкеры скользят мимо.
Полнолуние.

The orchids are here.
The large tankers glide past these.
It is the full moon.

III

Medeltida borg,
främmande stad, kalla sfinx,
tomma arenor.

Mittelalterburg,
fremde Stadt, kalte Sphinxe
und leere Stadien.

Вековой замок
чужой город, хладный сфинкс
пусты арены.

The medieval castle,
foreign city, cold sphinxes,
and empty stadiums.

*

Löven viskade:
ett vildsvin spelar orgel.
Och klockorna slog.

Blätter flüsterten:
Ein Wildschwein spielte Orgel.
Die Uhr geschlagen.

Шептали листья:
вепрь играл на органе.
Пробили часы.

The tree leaves whispered:
A wild boar played the organ.
The old clock has struck.

*

Och natten strömmar
från öster till väster med
månens hastighet.

Und die Nachtströme
von Osten nach Westen mit
Mondgeschwindigkeit.

И ночной поток
с востока на запад со
скоростью Луны.

And pull the night flows
from the East to the West with
moon velocity.

IV

Ett par trollsländor
fasthakade i varann
svirrade förbi.

Ein Paar Libellen,
ineinander eingehakt,
rauschten vorbei.

Парочка стрекоз,
сцепленных друг с другом,
летела мимо.

Couple of dragonflies,
who coupled with each other,
rushed past in summer.

*

Närvaro av Gud.
I fågelsångens tunnel
öppnas en låst port.

Gegenwart Gottes.
Der Vogelgesang öffnet
verschlossene Tür.

Наличье Бога.
Пенье птиц открывает
запертую дверь.

The presence of God.
The birdsong tunnel opens
even a locked door.

*

Ekar och månen.
Ljus och tysta stjärnbilder.
Det kalla havet.

Eichen und der Mond.
Sill leuchtende Sternbilder.
Und das kalte Meer.

Дубы и луна.
Тихо светят созвездья.
Холодно море.

Oak trees and the moon.
Quiet shining star images.
And the cold ocean.

I

Ett lamakloster
med hängande trädgårdar.
Bataljmålningar.

Ein Lamas Kloster
mit den hängenden Gärten.
Das Schlachtgemälde.

Монастырь Ламы
с висячими садами.
Картина боёв.

A lamasery
with many hanging gardens.
The battle illustrations.

*

Hopplöshetens vägg...
Duvorna kommer och går
utan ansikten.

Hoffnungslose Wand...
Tauben fliegen an und ab
ohne Gesichter.

Безнадежность стен ...
Голуби то тут, то прочь
все безликие.

The desperate wall...
The pigeons fly up and down
all without faces.
*

Tankar står stilla
som mosaikplattorna
i palatsgården.

Gedankenstillstand
als die Mosaikfliesen
in einem Schlosshof.

Затишье мыслей,
как камней мозаика
во дворе дворца.

The standstill of thoughts
as a mosaic of the tiles
in the palace yard.

*

Står på balkongen
i en bur av solstrålar –
som en regnbåge.

Steht auf dem Balkon
Käfig von Sonnenstrahlen –
wie ein Regenbogen.

Стоя на балконе
клетка солнечных лучей –
словно радуга.

On the balcony
Standing a cell of sunrays –
similar a rainbow.
*

Gnolar i dimman.
En fiskebåt långt ute –
trofé på vattnet.

Brummen im Nebel.
Ein Fischerboot weit draußen –
Beute auf'm Wassers.

Напевая в тумане.
Рыболовное судно далеко –
трофей на воде.

Humming in the fog.
A fishing boat far away –
haul on the water.

II

Rentjur i solgass.
Flugorna syr och syr fast
skuggan vid marken.

Rentier in Sonne.
Fliegen nähen und nähen
Schatten auf'm Boden.

Олень на солнце.
Мухи с усердием шьют
тени на земле.

Reindeer in the sun.
The flies ably sew and sew
shadow on the ground.

III

En pinande blåst
drar genom huset i natt -
demonernas namn.

Quälende Blase
zieht durch das Haus in der Nacht –
Dämonennamen.

Зловещий пузырь
тянетя по дому в ночь –
имена чертей.

Distressing blister
pulls through the house in the night –
the names of demons.

*

Ruggiga tallar
på samma tragiska myr.
Alltid och alltid.

Zerzauste Kiefern
aufm gleichen tragischen Sumpf.
Immer und immer.

Смятые сосны
на трагичном болоте.
Снова и снова.

The same windswept pines
on the same tragic quagmire.
Always and ever.
*

Novembersolen...
min jätteskugga simmar
och blir en hägring.

Novembersonne...
Mein Riesenschatten wird zu
Fata Morgana.

Солнце ноября...
Моя тень-гигант, плывя,
станет миражом.

The November sun...
My giant shadow becomes
Fata Morgana.
*

Döden lutar sig
över mig, ett schackproblem.
Och har lösningen.

Der Tod verbeugt sich
über mich, ein Schachproblem.
Und die Lösung gibt's.

Смерть склоняется
ко мне, проблема шахмат.
Решение есть.

Death leans over me,
The problem of a chess game.
And has solution.

VII

Se hur jag sitter
som en uppdragen eka.
Här är jag lycklig.

Schaut, wie ich sitze
als Missionen Echo.
Hier bin ich glücklich.

Глянь, как я сижу
подобно эху миссий.
Здесь я счастливый.

Looks how I'm sitting
as an echo of missions.
Here I am happy.

IX

När stunden kommer
vilar den blinda vinden
mot fasaderna.

Wenn die Stunde kommt,
zu rasten blinden Winden
an den Fassaden.

Коль придет время,
слепым ветрам отдыхат
в тени фасадов.

When given time comes,
to rest blind winds oneself
against the facades.

X

Taket rämnade
och den döda kan se mig.
Detta ansikte.

Dach ward vermietet,
die Toten können mich sehn.
Diese Gesichte.

Крыша рухнула,
мёртвые видят меня.
Таково лицо.

The roof was rented
and the dead can see me now.
So is the facebook.

*

Hör suset av regn.
Jag viskar en hemlighet
för att nå in dit.

Regenrausch lauschend,
Flüstre ich ein Geheimnis,
um's zu ergründen.

Слыша шум дождя,
Я шепчу секрет, чтобы
в него проникнуть.

Listening hum of rain,
I whisper the mystery,
to penetrate it.

XI

Uppenbarelse.
Det gamla äppelträdet.
Havet är nära.

Die Offenbarung.
Und der alte Apfelbaum.
Das Meer nebenan.

Откровение.
И старая яблоня.
И море рядом.

The revelation.
There is the old apple tree.
The sea is nearby.

*

Havet är en mur.
Jag hör måsarna skrika –
de vinkar åt oss.

Meer ist eine Wand.
Ich höre Möwen heulen –
sie winken auf uns.

Море лишь стена.
Я слышу, чайки плачут –
они машут нам.

The sea is a wall.
I hear the crying of gulls –
they waving at us.
*

Stor och långsam vind
från havets bibliotek.
Här får jag vila.

Der langsame Wind
aus Meeresbibliothek.
Hier kann ich ruhen.

Медленный ветер
из библиотек моря.
Здесь я покоюсь.

The large and slow wind
from the ocean's library.
Here I am resting.

*

Människofåglar.
Äppelträden blommade.
Den stora gåtan.

Menschliche Vögel.
Apfelbäume voll Blüte.
Das große Rätsel.

Людские птицы.
Яблони в полном цвету.
Великий секрет.

These human gray birds.
The apple trees in full bloom.
The big mystery.

* * *

Printed by Books on Demand GmbH, Norderstedt / Germany